Jutta Metz

Bleib so, wie du bist

GROH

Bleib so, wie du bist!
Denn genau so mag ich dich:
einmalig und unverwechselbar.

Dein Lachen steckt an

und macht froh.
In deiner Gegenwart
wird mir warm ums Herz.
Man vergisst, dass die Welt
gerade noch grau aussah.
Denn du bringst
Farbe in den Alltag.

Menschen mit frohem Herzen
können das Gesicht der Welt verändern.

Dorothée Bleker

Ich bewundere dich,

mit welcher Leichtigkeit du
vieles im Leben angehst.
Selbst stressige Situationen
scheinen dir wenig anzuhaben.
Du bleibst du selbst –
und meisterst die Dinge
so am besten.

Wie ein Kind
Vertrauen in das Leben haben,
vielleicht ist das die Antwort
auf unsere Fragen.

Carol Ann Hierl

Die schönen Seiten des Lebens

mit dir zusammen auszukosten,
ist ein besonderes Erlebnis.
Mit dir macht es einfach Spaß,
ein gutes Essen zu genießen,
sich auch ohne Grund einmal
ein Glas Sekt zu gönnen
oder spontan in ein teures Café
einzukehren, einfach so.

Das Leben ist zu kurz,
um schlechten Wein zu trinken.

Goethe

In der Gegenwart leben,

das Hier und Jetzt
mit wenigen Mitteln verzaubern,
das kannst so intensiv nur du.
Daran teilzuhaben ist
für mich und andere
immer wieder schön.

Heute ist nur einmal
und nie wieder.

Sprichwort

Über „Gott und die Welt“

kann man mit dir reden
und sich mit dir
über alles unterhalten,
was einem am Herzen liegt.
Oft lernt man dabei neue Aspekte,
einen neuen Blickwinkel kennen.

Ein gutes Gespräch
baut Brücken des Vertrauens
von Herz zu Herz.

Otto Riedel

Momente der Nachdenklichkeit,

in denen man plötzlich an sich
und der Art, sein Leben zu gestalten,
zweifelt, kennt wohl jeder.
Wenn es dir auch manchmal so geht
und du dich danach sehnst, schöner,
reicher und mutiger zu sein,
dann möchte ich dir sagen:
„Du bist schon richtig so, wie du bist!"

Wenn du erkennst,
dass es an nichts fehlt,
gehört dir die ganze Welt.

aus dem Taoteking

Es ist gut zu wissen,

dass ich dich um Rat oder Hilfe
bitten kann. Schon oft haben mir
die Gespräche mit dir geholfen,
wieder klarer zu sehen.
Und ich freue mich, wenn ich
etwas für dich tun kann.
Dieses Geben und Nehmen
macht uns beiden immer wieder Mut.

Die wirkungsvollste Energiequelle
unseres Lebens ist und bleibt
die menschliche Wärme.

Ernst Ferstl

Du hast das Herz

am rechten Fleck!
Du spürst, wenn man
dich braucht,
und deine Freunde wissen,
dass sie auf dich
zählen können.

Von allen Besitzungen auf Erden
ist die, ein Herz zu haben,
die kostbarste.

Goethe

Lass nicht locker,

wenn einmal etwas nicht
gleich auf Anhieb gelingt.
Manchmal brauchen Dinge
eben ihre Zeit.
Aber ich bin mir sicher,
du schaffst es.

„Bloß nicht aufgeben“,
sagte der Same
und suchte sich seinen Platz
zwischen den Pflastersteinen.

Ottilia Maag

Frei wie ein Vogel

lässt du dir nicht vorschreiben,
was „man" tut, sondern
bist ganz du selbst.
Manche würden dabei anecken,
aber bei dir finde ich das
ganz normal.

Nur wer eine eigene Melodie hat,
darf auf die Welt pfeifen.

Hemingway

Ich mag deinen Optimismus,

mit dem du jedem neuen Tag begegnest. Statt dir Sorgen darüber zu machen, wie dieses oder jenes wohl werden wird, bist du offen für jede überraschende Situation. Denn gerade dann werden Kräfte in dir geweckt, die dich selbst in Erstaunen setzen.

Das Beste liegt nie hinter uns,
sondern immer vor uns.

Paul Jäger

Du musst nicht perfekt sein,

um anerkannt zu werden.
Auch das ist Stärke,
zu wissen, was man nicht kann.
Du nimmst dich an, wie du bist,
und kannst auch mal
über dich selbst lachen.

Wer in sich ruht,
ist Herr der Welt.

Stefan Zweig

Ans Herz gewachsen

sind mir manche kleinen Eigenheiten
von dir, denn sie machen das Besondere
an unserer Freundschaft aus. Wenn du
mal wieder gedankenversunken vor dich
hinträumst und alles um dich herum vergisst
oder zum x-ten Mal deinen Schlüssel
bei mir liegen lässt – dann weiß ich,
dass ich dich gerade deshalb mag.

Die großen Tugenden machen
einen Menschen bewundernswert,
die kleinen Fehler machen ihn liebenswert.

Pearl S.Buck

Mit dir zusammen

machen schöne Erlebnisse
noch mehr Spaß. Zum Beispiel
wenn wir uns spontan einen Nachmittag
frei nehmen, Sport zusammen treiben
oder uns köstlich miteinander amüsieren.
Und wenn einer von uns traurig ist, ist es
Seite an Seite nur halb so schlimm.

Die Freundschaft fließt
aus vielen Quellen.

Daniel Defoe

Gerade heraus –

das ist dir lieber
als darum herum zu reden.
Du möchtest, dass andere
ihre Meinung kundtun, und
stehst auch zu deiner eigenen.
Nicht jeder verträgt das,
aber ich möchte dir sagen:
Bleib so, wie du bist!

Unter den Menschen
und Borsdorfer Äpfeln sind nicht
die glatten die besten, sondern
die rauen mit einigen Warzen.

Jean Paul

Mit dir kann man abheben

und auch einmal etwas Verrücktes tun.
Vernünftig und wohlüberlegt – das sind Werte,
die uns immer wieder vorgegeben werden.
Aber du verstehst es, humorvoll,
lebenslustig und lebendig zu bleiben,
auch wenn du zielstrebig
und gewissenhaft bist.

Wer ohne jede Narrheit ist,
ist nicht so weise, wie er meint.

La Rochefoucauld

Mit dir kann man Tränen lachen,

bis einem alles weh tut,
oder albern sein
und kichern wie ein Backfisch
oder so richtig schön heulen,
wenn das Happy End im Film
erst spät und ganz unerwartet kommt.

Menschen zu finden,
die mit uns fühlen und empfinden,
ist wohl das schönste Glück auf Erden.

Carl Spitteler

Auch unter Freunden

kann es einmal passieren,
dass man etwas sagt oder tut,
was den anderen verletzt.
Solche unbedachten Worte
oder auch Handlungen
kannst du verzeihen
und bist nicht nachtragend.

Nachsicht ist kein Zeichen
von Schwäche.
Wer verzeihen kann,
beweist Stärke.

B.G.

Mach weiter so

und lass dich nicht beirren,
wenn einmal etwas schief geht.
Keiner macht alles nur richtig,
und keinem bleiben Probleme erspart.
Damit deine Freunde dich mögen,
musst du nicht alles können,
sondern einfach du selbst sein.

Sei, der du bist,
nicht mehr, nicht weniger,
aber der sei.

Peter Altenberg

Ich mag deine Gelassenheit,

mit der du die Dinge nimmst,
wie sie kommen. Du genießt
die Gesellschaft anderer,
aber kannst auch allein sein.
Du freust dich über Anerkennung,
aber hängst nicht von ihr ab.

Gelassenheit ist
eine anmutige Form
des Selbstbewusstseins.

M. v. Ebner-Eschenbach

Schön, dass es dich gibt!

Es tut einfach gut zu wissen,
dass wir eine gemeinsame
Wellenlänge haben und
uns gegenseitig ergänzen.
In turbulenten Zeiten hat uns das
schon so manches Mal geholfen,
wieder ins Gleichgewicht zu kommen.

Ich wünsche mir, dass sich unsere
Freundschaft entwickelt wie guter Wein:
Je länger wir sie bewahren,
desto besser soll sie werden.

B.S.

Du lebst dein eigenes Leben,
wie es zu dir passt,
mit all deinen Stärken
und liebenswerten Eigenarten –
und das ist gut so.

Ich wünsche dir und mir:

Bleib so,
wie du bist!

Über die Autorin:
Jutta Metz, geboren 1944, begann nach dem Abitur in Garmisch-Partenkirchen mit dem Studium der Psychologie in Hartford, Conn., USA. Nach ihrer Rückkehr war sie ein Jahr berufstätig und studierte anschließend Anglistik und Germanistik in Erlangen. 1973 schloss sie mit der Promotion in Anglistik ab, um sich in den folgenden Jahren ihrer Familie zu widmen. Sie lebt und arbeitet in München und hat zahlreiche Bücher herausgegeben.

LEBE DEN TAG – in dieser Reihe sind bisher folgende Bücher erschienen:
Lass ab und zu die Seele baumeln (ISBN 3-89008-548-2)
Lass dir Zeit zum Träumen (ISBN 3-89008-547-4)
Bleib so, wie du bist (ISBN 3-89008-542-3)
Lass es dir gut gehen (ISBN 3-89008-563-6). Auch als Kalender!
Vertrau auf deine Kraft (ISBN 3-89008-545-8). Auch als Kalender!
Lass dir Zeit zum Leben (ISBN 3-89008-540-7). Auch als Kalender!
sowie der Kalender ***Träume leben.***

Bildnachweis:

Titel und S.41: Jürgen Pfeiffer; S.7, S.11 und S.47: Heike Pirngruber; S.5: Markus Zweigle; S.9: Anna Porizka; S.13: Siegfried Kuttig; S.15: Florian Werner; S.17 und S.23: Erich Tomschi; S.19 und S.27: Archiv Fiebrandt; S.21: August Forkel; S.25: Jürgen Vogt; S.29: Helmut Mülnikel; S.31: Klaus Puntschuh; S.33: Ulrike Ogan; S.35: Klaus und Dorle Scholz; S.37: Christian Claessens; S.39: Hans Jürgen Sittig; S.43: Miroslav Ptáˇcek; S.45: Georg Popp.

ISBN 3-89008-542-3

www.groh.de